흑당커피가 녹아드는 시간

이훈자 시집

문학공원 시선 257

흑당커피가 녹아드는 시간

이훈자 시집

공주마마 자리
하루만이라도 지키고 싶은 걸까요
생크림 후한 카페 포스터를 보고
문을 밀고 들어가요

문학공원

시인의 말

시가 내게로 왔습니다

변변치 못한 곁을 떠나지 않았습니다

피붙이같이 이십 년을 살았습니다

힘든 시간 버틸 수 있었습니다

시가 있어 행복했습니다

칠순 기념으로 나에게 선물합니다

차례

시인의 말 … 5

1부
물의 정원으로 들어온 여자

수선하는 시간 … 12
셈과 계산의 차이 … 13
둥근 세상에서 사각형 세상으로 … 14
플라스틱 반지 … 16
층간소음 … 17
똑딱단추 … 18
그의 손에서 채색되는 이야기 … 19
아날로그와 디지털 청소 … 20
제모除毛 … 21
염장하다 … 22
씨 있는 말씀 … 23
안티프라만 바르던 손 … 24
제기동 버스 정류장 … 25
흑당커피가 녹아드는 시간 … 26
물의 정원으로 들어온 여자 … 28
밤의 도돌이표 … 30
돌밭은 직진 신호 없다 … 32

2부
스웨덴에서 온 편지

羊을 헤아리다 알았어요 … 34
데칼코마니 … 36
0.5센티 상처 앞에서 … 37
생리가 사라졌다 … 38
보라를 읽다 … 40
아현동고개 겨울 골목 … 42
공개 청혼 … 44
위성안테나 … 45
열한 번째 아픈 손가락 … 46
스웨덴에서 온 편지 … 48
고래골 … 52
명자 씨들 피어나는 내력 … 54
감각의 숲 … 56
피아노 건반 같은 하루 … 58
규칙 … 59
보상하다와 보상받다 … 60
핑크 립스틱 … 61

차례

3부
보이지 않는 갈등

풍무역 지나고 있다 … 64
손끝으로 입양 … 65
보이지 않는 갈등 … 66
울어도 괜찮아 … 68
팥배나무 식당 … 70
생각과 생각 사이 … 71
진실 몇 퍼센트 원하세요 … 72
헛것인데 그게 뭐라고 … 74
바닥을 대접하다 … 76
소리의 감정 들여대 보는 … 77
요부 … 78
효창공원에서 … 80
수경재배 … 82
식탐 앞에서 … 83
환청 … 84
파란 자존심 … 85
오리처럼 울다 … 86
여자의 퍼즐 … 88

4부
별이 뜨는 순간

비둘기 ··· 90
손녀를 재우면서 ··· 91
오월의 꽃 ··· 92
별이 뜨는 순간 ··· 93
하얀 꽃무더기 앞에서 ··· 94
카페 오롯이꽃 ··· 95
그런 때가 있었다 ··· 96
온몸 소리가 되어도 ··· 97
물보라 ··· 98
사랑초 ··· 100
기억이 없다 ··· 102
동행 ··· 103
못난이 사과 ··· 104
배롱나무꽃 두 번 피었다 ··· 106
나뭇가지 위에서 꽃으로 완성되는 ··· 108
화답 ··· 109
당신과 나 사이 온도 ··· 110
헛꽃으로 빛나다 ··· 112
씀바귀 ··· 113
두 살배기 남편의 가을 ··· 114

차례

첫 손녀 … 116
별꽃 이야기 … 117
장미꽃 차 … 118

작품해설

삶이 파동처럼 그려낸 비창 … 120
- 윤향기(시인 · 문학평론가)

1부
물의 정원으로 들어온 여자

수선하는 시간

경동시장으로 가요

 지하철은 종로3가를 지나고 종묘를 지나고 신설동을 지나요 다음 역에 내려야 해요 어깨에 가방을 메고 장바구니는 손에 들어요 제기역에 내리자 걸음이 빨라져요 마트 가격 반만 주면 살 수 있는 양배추 당근 무 고등어자반 파프리카를 사요 상인들의 외치는 소리에 끌려 오이를 사요 어깨에 메고 버스를 타요 빈 의자에 앉아 두 손에게 쉼을 줘요 동대문 지나자 고맙다고 머리 숙여요 장소 따라 시간에 따라 내가 없어져요 부인 엄마 할머니 배역이 몇 개나 더 있는지 궁금하지 않아요

 주방에서 샐러드 삶은 계란 오이소박이 멸치조림 배춧국 식탁에 올려요 음식 씹는 소리 수저 부딪치는 소리는 나를 찾게 해줘요 오늘의 기분을 읽혀요 소파에 앉아 디저트처럼 음악을 먹는 동안 곰보배추 차를 마시는 동안 존재가 나를 꿰매고 내가 존재를 꿰매요

셈과 계산의 차이

정이 들었다는 건 날것 그대로 보여 준 시간
울고 떼쓰다 딸기보다 빨간 입술 열고
뒤돌아서 통밀과자 볼 미어지라 오물거리던 아이

졸리면 저를 내던지면서 잠과 승부를 걸었다
영역 표시하며 나팔꽃처럼 자랐다
다른 집에서 민낯 홀라당 벗겨야 하는 부끄러움 아는 아이

이사 간다는 말 해줬어야 했다
어려서 못 알아들을 거란 계산 어른들의 오산
낯선 집은 눈 내리는 거리에서 길 잃은 것 같고
비를 맞고 서 있는 것 같아, 찬 손으로 설움 훔치는 아이

초록 벽이 두터워진다
오해의 잎은 아기와 나 사이에서 엉킨다
어른은 사과나무에 달린 사과를 헤아리고
아이는 바닥에 떨어진 사과를 헤아린다

둥근 세상에서 사각형 세상으로

둥근 세상에서 살던 습관 버려야 합니다
사각형 모서리의 각을 이해해야 합니다
봄 여름 가을 겨울 각기 다른 계절에 사는 사람들 속에서
나만의 계절을 말하면 안 됩니다

공동 문으로 들어오는 원패스 카드, 대문 여는 카드
음식물 쓰레기 카드 또 어떤 카드가 필요할지 모릅니다
사각형 안에서는 서로 체온을 나누는 것이 아니라고 합니다

입주한 지 한 달쯤 지나자
공중도덕은 당근에 무료나눔 했는지
공중파로 들려오는 이웃의 솔기 터진 이야기
티브이 드라마처럼 재방송됩니다

어린아이들은 사각형 세상에서 갇혀 살기 싫다고
둥근 세상으로 나오려고 하는지
밤낮으로 뛰면서 자기만의 세상으로 갑니다

그래도 겨울에 춥지 않아서
그것으로 충분합니다

플라스틱 반지

사십 주년 결혼기념일
남편이 팔찌를 사 왔다

몇 번 끼고 다니다
손하고 따로 놀아
상자에 넣어 두었다

그 팔찌 꺼내
곧 돌이 돌아오는 손녀의
금반지 한 돈으로 바꿨다

네 살이 된 손녀
보라색 보석 박힌 반지
손에 끼워준다

약지에 처음 끼어 본 플라스틱 반지
빨간 펜으로 두껍게
밑줄 친 문장처럼 애틋하다

층간소음

말이 뛴다
조랑말 뛴다
편자 단 수말도 뛴다

소음 뱉어내는 무른 천장

양상추 파프리카
입안에 넣고 오물거리다
뿔 곤두서는 양띠 여자

뛰어가서 들이받아 볼까
사납게 뛰는 심장 다독인다

같은 초식동물인데
오늘은 견뎌보리라

말이 뛴다
암말도 뛴다
말 네 마리 밤낮으로 뛴다

똑딱단추

바람 들어가면 탈 난다고 혀 끌끌 차던
할머니 목소리가 따라다녀
배꼽에 자물쇠 단단히 채워 숨겼다

홍대 거리에서 배꼽들이 활보하는 건
할머니 약손이 지켜주고 있기 때문이다

오늘 마주친 배꼽들 똑딱단추 달아주고 싶다

그 배꼽들 따라와
세상은 자유롭다고
세상은 시끄럽다고
세상은 꿈틀댄다고
세상은 엉뚱하다고

제 목소리 내며 떠든다

그의 손에서 채색되는 이야기

그림 앞에 서 있다
프랑스 인상주의 귀스타브 카유보트

나무에서 초록이 풀어지듯
그의 손에 쥔 붓
색으로 서사를 풀어놓는다

사람 냄새 끊긴 지 오래
늙고 헐거워진 오두막 한 채
아픈 관절 끌고
강물 소리 따라다니다 물속으로 들어간다

서로 어깨 기댄 나룻배 세척
빛이 내준 초록 걸쳐 입고
출렁거리는 물결 타고 누굴 기다리나

절망과 희망 공존하는
센강 강가의 나룻배와 오두막 오후 풍경

아날로그와 디지털 청소

사 년 차 청소 담당 남편이 외출한다

조형물처럼 앉혀 놓았던
로봇청소기 전원을 누른다
칼 맞춰 빈틈없이 열심이다

'쾌적한 청소 위해 물걸레 교체해주세요'

디지털 산물의 까칠한 비위
손바닥만 한 걸레 면과 면 맞추느라
퍼즐 맞추듯 떼었다 붙인다

비틀고 휘어도 손을 따라오고
어디나 반복해 써도
세탁만 하면 깨끗해지는
물걸레가 손에 익숙하다

청소 세계에 눈 뜬 남편 언제 오려나

제모除毛

나이 먹어도 민망하다

팔 드러내야 하는 여름

날 번쩍 세운 면도날로 겨드랑이 털 자른다

비밀스럽지 않아도 비밀스러운

따옴표? 느낌표? 마침표?

애매한 기호들

염장하다

우리는 이제 강을 사이에 두고
카톡이나 들춰보는 사이

십 분 거리 신촌에서
아들 결혼 시킨다는 청첩으로
그동안 멀어진 거리 좁힌다

비혼 선언한 아들 편들어주다
간간이 소금 치고
갈비뼈 깊숙이 숨겨 놓지만
바람 불 땐 드러난다

폐백 끝나고 나온 숙이
고등어처럼 뒤에서 안고
제 체온으로 염장해준다

씨 있는 말씀

기울고 금 간 담벼락은 기회
바깥세상 궁금했는지
담을 타고 길가에 넘어온 대추나무
가지마다 품은 뜻 알알이 영근다

씨알 굵고 때깔 좋아도
차례상 기웃거리지 못하고 비탈길에서
구르고 구르면서 단단해진다

오가는 발걸음에 밟혀도
계절의 명을 받아 단맛이 든다

하나둘 주워온 대추
물기 빠지고 쪼글쪼글해질수록
씨 있는 말씀 힘 있게 들린다

안티프라만 바르던 손

사진 속 광부 앞에 멈췄다

야간에도 출근하셨던 아버지
아랫목 군용 담요 속
아버지 밥주발 대장이다

엄마 앓는 소리 방문에 왔다 가고
아침밥 하라고 오신
아버지 손에서
안티프라만 냄새가 났다

엄마는 떠나고
짐꾸러미 안 되겠다고
정신 꼭 붙들고 이십 년 더 사시다
어머니 곁으로 떠나신 날

아버지 품에서 눈물만 흘렸다

제기동 버스 정류장

경동시장으로 모이는 낡은 핸드카트
호박 상추 콩나물 고등어
저렴한 건 가리지 않고 들어간다

코 찡한 문장으로
파스 부친 고통으로 뒤뚱거려도
끌고 갈 수 있는 건
서로 한몸이 될 수 있기 때문

초록불이 재촉하는 신호등 앞에서
횡단보도 건너 버스 타야 하는 조바심
자동차 경적도 들리지 않는다

무사히 건너온 할머니와 핸드카트
어깨에 둘러멘 생활의 무게 내려놓는다
버스 바퀴에 가쁜 숨이 깔리고
덜컹거리던 오후가 하늘을 물들인다

흑당커피가 녹아드는 시간

페트병에 구멍 뚫는 순간
페트병이 칼을 밀어냈어요
검지에서 후회가 뚝뚝 흘렀어요

상처를 꿰맸어요
부목으로 중심 잡아줬어요
절대 굽히지 말라는 의사 선생님 말씀
바른생활 문장 같았어요

사십 년 넘게 구정물 담그던 손가락에게
사치를 선물하라는 말씀 같아
공주마마 대접받았어요

흑당커피 라떼처럼 달콤하고
부드러운 시간 즐기는 동안
빠르게 더디게 아물어갔어요

붕대를 풀고 부목도 뺐어요
이제 아플 때까지 구부려야 한다는 말
선생님 숙제 같았어요

공주마마 자리
하루만이라도 지키고 싶은 걸까요
생크림 후한 카페 포스터를 보고
문을 밀고 들어가요

물의 정원으로 들어온 여자

물의 정원에 가요, 개양귀비꽃
양귀비꽃 뺨치게 예쁘데요, 하는 여자를
만난 적 있다

빙하 수직 벽 오른다
하얀 공포 같은 크레바스에 빠진다
나 여기 있다고 울부짖어도
입안에서 맴돌 때
'괜찮아 괜찮아'하던 목소리

나무 의자에 앉아 입을 연다
첫 번째 결혼
술 도박 일삼는 남편
퍼붓는 욕설,
'손찌검 피해 두 돌 된 아들 데리고 집 나왔다'고

두 번째 결혼
남편 무시로 쌓이는 만년설
얼음장 같은 집 입김도 얼어붙어
몸으로 맞서도 살아 낼 수 없었다고

한마음잔치 꽹과리 소리
그녀 말 가로막는다
크레바스 온도 나누는 시간 깊어진다

양귀비 꽃물 담뿍 들어 곱다
회기역 전철 스크린도어 닫히고
그녀는 걸어가고 나는 의자에 앉는다

밤의 도돌이표
- 토리노의 말

속도 나지 않는다
바람이 내리치는 채찍 맞으며
수레 끌고 가는 늙은 말

감정 버렸다
지루한 대본 순서처럼
아버지 옷 입히고 구두 신기는 딸

식탁에 놓여있는 김 나는 감자
한입 거리 뜨거운 식사
아버지와 딸
위태로운 바깥 벗기고 평온한 안쪽 먹는다

창밖에서 휘날리는 지푸라기
부녀의 삶인 것 같아 바라보지만
보이지 않는 출구

우물도 마르고 불씨도 없다
딱딱한 생감자 앞에
석상처럼 앉아 있다

'먹어, 먹어야만 해'하는 아버지 목소리
단호하게 울린다
바람 떠나간 고요 속으로

돌밭은 직진 신호 없다

홍천 팔봉산 해를 정수리에 새긴 돌 앞에 선다

앞서간 일행들 강 앞에서 빨리 오라 손짓한다
필봉산 돌 앞에 큼직한 표지석 세워 놓는다

비틀거리다 도착한 강가 돌 하나 주워 던진다
냄비에서 비껴 나간 수제비 반죽처럼 떨어진다
한참 되풀이하다 돌아가려는데 길을 잃었다

팔봉산에서 내려가는 해, 미로처럼 얽힌 돌밭 걷는다
찾아도 찾아도 왔던 길이 보이지 않는다

돌 사이에 길이 있다는 걸 여기 와서 알았다
돌밭은 직진 신호가 없다는 것을 여기 와서 알았다

2부

스웨덴에서 온 편지

羊을 헤아리다 알았어요

왼발 들고 두 손 나란히 펴요
쓰러질 듯 기울면 오른발 힘을 줘요
양 한 마리 양 두 마리 양 세 마리
일주일 지나자 양 오십 마리까지 불어났어요

벨 누르는 소리
왼발이 뒤뚱, 화장대 모서리 머리 박을 뻔했어요

정해진 시간
오른발 왼발 교대로 공중부양 연습해요
양들 점점 늘어났어요
양 우는 소리 들리기도 했어요
얼마나 더 늘어나면 안전할까요

오른발이 왼발 읽고 있어요
무거운 물건 들으면 더 챙겨요
오른발 겁났어요
왼발 없이 혼자 걷는 건 무섭거든요

한쪽으로 기울어 나를 잃어버릴까
바닥에 찍는 시간이

얼마나 소중한지 알았어요
이제 바닥 대접하며 걸어야겠어요

데칼코마니

연탄 아궁이 위 양은솥단지
빛나게 닦아 놓는 건 결벽증이야
엄마 닮지 않을 거라고 입술 깨물었다

이쁜이 비누 지푸라기 연탄재
엄마 손에는 늘 들려있었다
허리 못 펴고 밥은 먹는 둥 마는 둥
앓는 소리 내느라 잠 설쳤다

양은그릇 노동을 요구해
지금도 앓는 소리 들려

데칼코마니

나는 엄마 생각날 때
스테인리스 솥 닦는다
몸으로 하는 기도처럼

0.5센티 상처 앞에서

아픈 기억 떠올리지 않는다
칼 오른손에 줄 때
기선 제압해야 한다

언제 먹이가 될지 모르는 손
피 맛은 중독성 있다
선제공격할 틈 내주지 않는다

경력 따윈 내세우지 않는다
감자껍질과 손톱 경계 잃었을까
장미 꽃물 흐른다

벌건 속살 드러낸 가운뎃손가락
일회용 밴드 허락하지 않는다
고무장갑 통증 덜어주지 못한다

엄마 손 빌려 세수하고 싶은 아침
아이처럼 옷이 젖는다
0.5센티 상처 나에게 몰두한다

생리가 사라졌다

1.
코로나19로 집에 감금된 기간
길
어
진
다
자귀나무 생각하다
백자귀를 샀다
밤이면 겹치던 잎
서로 거들떠도 안 본다
생리 사라졌다

밤낮으로
서로에게 공들이고 있는 건가
그 과욕 지나치지 않다

2.
백수가 된 남편과 함께 있는 시간
길
어
진
다

거실 추워도 보일러 틀 수 없는 이유
설득력 있다
약속 공유한 것처럼
각자 방에서 서로에게 자유롭다

자귀나무 감정 가진
내 감정 들키고 싶다

보라를 읽다

마트에서 비트를 사 왔다
랩 벗기고 숨구멍 터주자
확 달려드는 단내

거침없이
개수대에 쏟아놓는 보라

비트의 진술
그 내력 발설하고 싶다
유리병 아래층엔 양배추
이층엔 양파 삼층엔 오이 채운다
어느 사이 스며들어 보라색 나눈다

양배추 양배추 아니고
양파 양파 아니고
오이 오이 아니다

접시 깨지는 소리 집 밖으로 뛰쳐나갈 때
어깨 감싸 안은 이층이고
겁에 질려 바라본 아래층이고
슬리퍼 짝짝이 신고 나온 삼층이다

〈
피멍 사이 보이는 혈맥
보라 물드는 줄도 모르고
뒤적거리며 읽는다

아현동고개 겨울 골목

골목은 춥다고 움츠리다 좁아졌다. 아현동 고갯마루 연립주택 2층 연탄아궁이 십구공탄에 얹혀 네 식구가 살았다 방 천장 쥐들은 바람 피하느라 추위를 이기느라 밤에도 달렸다 걸레가 동태처럼 어는 건 일상이었다 밤이면 입에서 뿜어 나오는 입김, 중풍 환자처럼 흔들리는 창문 구세주처럼 골목에 현수막 걸렸다 재건축은 겨울에도 춥지 않은 집에서 살 수 있다고 펄럭였다 겨울이면 계량기에 호스 꽂고 물을 끌어 올려 김장 배추를 씻는 짓은 안 해도 된다고 약속했다

일 년이면 삼 년… 기다리는 동안 낯익은 얼굴 하나둘 줄어들었다 힘 빠지고 넝마 된 현수막 위 골목 아래 골목 앞 골목 옆 골목 이삿짐 차들이 오고 갔다 장롱 의자 냉장고 골목 먹어 치우고 아이들 웃음소리 들리지 않았다 약속을 못 믿고 사람들이 떠나가고 낯선 얼굴들이 돌아다녔다 복부인들 신바람 걸치고 들락거렸다 이대 연대 서강대 홍대, 세브란스 삼성 병원 끼고 끼고의 계산기 두드렸을 것이다 진실은 검버섯 안에 숨기고 전세 주고 이사 간다는 옆집 할머니 난 이러지도 저러지도 못하고 아파트 꿈이 깨질까 말을 아꼈다

〈

　이주통지서 받고 부동산중개소를 찾아갔다 고개와 언덕은 나와 악연인가, 만리동 고갯마루에 넓은 집을 얻었다 겨울엔 춥고 가스비가 두 배 나왔다 일 년 이 년 삼 년 춥고 덥고 느리게 지나갔다 이주한 지 오 년 차, 아득한 것 같아도 아파트 입주 통지서는 올겨울이 오기 전 도착할 것이다

공개 청혼

허물 벗고 허물 씻었다
한철 플라타너스 임대한 매미
빗줄기 몸뚱이 맞아도
매 맴앰 맴맴 맴맴 맴앰 애앰

예수님 십자가에서 채찍 맞듯
칠 년 기도 헛되게 할 수 없다고
하늘 뜻대로 하시란다

음습한 지하에 살던 시간 돌아보는가
여름 끝이 길지 않다고
공개 청혼에 필사적이다
빗소리가 삼키지 못하는 매미의 공개 청혼
맴 맴 맴앰 맴맴매앰 맴앰 매앰

위성안테나

스마트 안테나는 난청지역이 없다

블랙테트라 플래틴 네온테트라
애완 물고기들
가까이 가면 밥 달라고 몰려온다

어항에 떠 있는 아들딸 얼굴
사랑은 뒤늦은 후에 안다

영상통화한다
도로변에 핀 천상의 나팔꽃 같은 아들
베란다 그늘에 핀 베고니아꽃 같은 딸

아무 일 없다는 말 되풀이하지만
통점에서 소리 없는 아우성이 들린다

열한 번째 아픈 손가락

스웨덴에 사는 아들 또래 단젤 지수 남 린드버그*
2개월 무렵 스웨덴으로 입양을 갔대요
마흔여섯 살인 지금 제 뿌리를 찾으려고 해요

입양 서류 친모란 이름이 같다는 이유로
나이가 비슷하다는 간절함으로
내 손톱 조각이 필요하다고 부탁하는데
뿌리치지 않고 뭐든 해주고 싶어요

그동안 손톱을 깎아 버리면서
버려야 하는 것에 진심을 담아보진 않았어요

내가 해줄 수 있는 건
엄마가 아니라는 것을 확인시켜줄
손톱 조각을 보내는 일

스킨답서스 키우듯 손톱이 자라기를
손 씻고 핸드크림 바를 때마다 응원해줬지요
멸치도 많이 먹었어요

이제 시간이 되었어요

비행기 타고 가서 친자 검사해주라고
길게 기른 손톱을 잘랐지요

열한 번째 아픈 손가락이 생겼어요
내가 엄마가 아니어서 더 아픈 손가락

* 1978년 9월에 태어나 몇 달 안 된 아기로 스웨덴으로 입양, 현재 스웨덴 TV 및 라디오 프로그램을 제작하고, 한국영화, 음악(K-pop), 음식, 패션, 정치, 문학 등에 대한 보도와 기사를 썼음

스웨덴에서 온 편지

친애하는 이훈자 님,

1년 전, 당신과 저는 처음 만났습니다. 그것은 놀랍고도 아름다우며 잊을 수 없는 순간이었습니다. 우리는 사실 서로를 잘 알지는 못하지만, 저는 여전히 무언가를 느낍니다.

제 이름은 단젤 지수 남 린드버그이며, 46세입니다. 저는 스웨덴에 살고 있으며, 푸른 숲, 비옥한 농지, 목초지, 그리고 구불구불한 강으로 둘러싸인 작은 마을인 묄비(Mjölby)에서 자랐습니다. 이곳의 풍경은 마지막 빙하 시대에 형성되었으며, 이곳에는 구릉, 언덕, 그리고 바위들이 있어 감상하기 좋습니다. 저는 항상 노란 유채꽃밭에 자라는 **빨간 양귀비꽃**을 사랑했으며, 차를 타고 스웨덴 동부 평원을 지날 때 차창 밖으로 보이는 광경을 즐깁니다.

저는 스웨덴 북부 출신의 부모님과 함께 자랐으며, 두 명의 여자 형제가 있습니다. 한 명은 저보다 나이가 많고, 한 명은 저보다 어립니다. 두 사람은 모두 제 부모님의 친자식입니다. 두 사람 모두 착하고 지혜로우며, 부모님도 마찬가지입니다. 부모님은 이제 연세가 많으시고, 나이가 들면서 힘이 약해지셨습니다. 두 분 다 81세이시며, 항상 자녀들에게 최선을 다해주시고 우리에게 최고의 삶을 주기 위해 노력하셨습니다.

〈

 현재 저는 수도인 스톡홀름에 살고 일하고 있습니다. 호수로 둘러싸인 아름답고 웅장한 도시로 여름에 특히 아름답습니다. 저는 도심 남부의 중심지에 위치한 아파트에 살고 있습니다. 언론교육을 받으며 이곳에 정착하게 되었고, 이제 거의 20년 동안 이 일을 해왔습니다.

 글을 쓰고, 영상을 촬영하고, 음성을 녹음하며, 다큐멘터리, 보도, 뉴스 등을 스웨덴의 최대 미디어 회사(Sveriges KBS)를 위해 제작해왔습니다. 하지만 제 안에는 강한 음악적 열망도 있으며, 저는 창의적이고 예술적인 것에 끌립니다. 다만 그것을 표현할 용기를 내는 것은 쉽지 않습니다.

 저는 인간 심리와 정체성에 관한 질문하고 탐구하며 이해하는 것을 좋아합니다. 이 주제에 대해 책을 쓰는 것이 제 꿈입니다. 또한 제가 기타와 노래로 창작하는 음악을 녹음하는 것도 꿈꿉니다. 그것은 언어로 표현할 수 없는 감정을 전달하는 또 다른 표현 방식으로, 매우 강렬합니다.

 저는 한때 한국에서 태어났습니다.
 "한 번 한국인이면, 영원한 한국인"이라는 말을 듣기도 합니다. 저는 1978년 9월에 스웨덴으로 입양되었습니다. 몇 달 된 아기였을 때 왔습니다. 2005년부터 저는 다시 한국을 방문하기 시작했고, 스웨덴 언론을 위해 TV 및 라디오 프로그램을 제작하고, 한국 영화, 음악(K-pop), 음식, 패션, 정치, 문학 등에 대한 보도와 기사를 썼습니다. 한국 문화는 스웨덴 문화와는 다르지만, 저는 많은 한국 사람들을 만나고 이 아름다운 문화를 많이 접할 수 있었습니다.

그러나 저는 항상 제 뿌리가 어디인지, 제 가족과 친척이 누구인지 궁금했습니다. 여러 해 동안 저는 한국에서 제 뿌리를 찾기 위해 여러 도움 기관을 통해, 그리고 가족을 재회시키려는 한국 TV 프로그램을 통해 노력해왔습니다. 그러나 저는 아무런 답을 얻지 못했습니다.

제가 아는 것은 당신과 같은 이름을 가진 한국 엄마가 있다는 것뿐입니다. 작년에 서울에 있었을 때, 제 한국 친구들이 저를 도와 이 이름을 가진 사람을 찾아보겠다고 제안했습니다. 그들은 제가 가지고 있는 질문에 대한 답을 찾는 것이 중요하다고 생각하여 저를 도와주고 싶어 했습니다. 저는 그들에게 아무런 기대나 요구를 하지 않았습니다. 단지 제 입양과 관련이 있을 수 있는 사람을 만나보고, 실제로 무슨 일이 있었는지, 그리고 한국 가족이 있는지 알고 싶다는 단 하나의 소망만이 있습니다.

단지 그것이 궁금하고, 당신께 그 어떤 분노나 슬픔을 느끼지 않습니다. 저는 주어진 제 삶에 감사하고 있습니다. 하지만 모든 사람은 자신의 시작을 알아야 자신이 누구인지 이해하고, 인간으로서 성장하고 발전할 수 있습니다.

저는 어떻게 시작되었는지, 제가 어떻게 세상에 나왔는지, 제 가족이 어디에서 왔는지 알고 싶습니다. 만약 제가 이것을 알게 된다면, 그 가족에게 아무것도 요구하지 않을 것입니다. 저는 단지 존경과 사랑, 그리고 저의 영원한 질문에 답을 얻은 것에 대해 무한한 감사를 표할 것입니다. 제가 정말 누구인지.

 - 이 편지를 읽고 저는 「열한 번째 아픈 손가락」 시를 썼습니다. 그리고 그가 엄마를 찾는데, 도움이 되었으면 하는 바람으로 편지를 싣습니다.

고래골

외할머니 입에서
누에고치처럼 풀어지는 옛날이야기
잠자리에서 들어야 제맛

용왕님 다섯 손자
용궁 빠져나와 굶주린 아이들 바라보다
돌아갈 시간 놓친다는 이야기

할아버지 불호령 듣지 못했을까
용궁으로 들어가지 못하고
다섯 개 바위 되었다는 설화

그 바위에게 소원 빌면 이루어져서
고래골이라 불렀다는 이야기
대전으로 나무 팔러 간 엄마
보고픔까지 잠재워준다

아픈 엄마 위해
외할머니 빌고 빌었을 터인데
환갑 넘기고 고향 산에 묻힌다

앓는 소리 잠재우려
할머닌 밤마다 옛날이야기
저승에서도 풀어 놓으실 거다

용왕님 다섯 손자 넋 엄마 넋까지
달래 주려는가
대덕 물빛 축제 여는 고래골

명자 씨들 피어나는 내력

밤은 가두고 낮을 끌어들였다
봉원사 24시 숯가마
굴참나무의 아픔 기억하면서
파란 오로라 피워 올릴 때
내 몸뚱이 공손해지는 고구마

벽돌담 안에 모여
숯불을 섬기는 사람들
통증과 타협이 길어질수록
벌겋게 익을 때까지
불꽃을 탐한다

밤이 왔으나
밤이 실종된 숲속에서
원적외선 붉은 불꽃 의심 없이 쫓아간다

손에 닿을 듯이 솟구치는 물줄기
맨발로 낙타처럼 사막을 걸어간다
등짐 진 무게에 눌려 헛발 디디는 순간
모래 언덕에서 넘어진다
어깨에 두른 수건이 미역줄기처럼 미끄러진다

알람 맞춰 놓은 듯 번쩍 눈을 뜬다

불침을 견뎌 낸 무릎에서
정점으로 피어있는 명자꽃
갱년기 재우느라 산에 오른 기억이고
재래시장 누비며
생활을 짊어지고 온 흔적이다

감각의 숲

숲의 정령 만나러 출발
물구나무서다 곤두박질쳐도
충만은 음표에서 노래로 바뀐다

욕구와 동행 호흡이 거칠다
그녀를 눕히는 보름달
쿠션 좋은 잠 속으로 들어온 사자
더운 숨결에 눈을 뜬다

언제 다시 잠이 들었을까
농익은 석류에서 즙이 흘러내린다
잠자는 사자 혈자리를 건드린 것이다

핵核에 먼저 닿으려고
수놈 총알 장전하고 달려온다
물고기 탈 썼던 암놈이 속도를 입는다

저토록 절실한 건
나선은하 원반 나선팔에서
일인자 축포 터트리고 싶은 거다
샘 넘쳐도 한 명만 마실 수 있다는

현수막이 바람개비처럼 돌아간다

마법 걸린 허리는 무중력상태
성의 정령 만나는 순간이다
해일이 밀려온다

행성과 행성 사이
절벽에 피어있는 꽃을 본 건
꿈속이었다

피아노 건반 같은 하루

거울이 보여 준 목덜미
선이 사라졌어
껍질 벗겨진 가죽나무였다가
은사시나무였다가 칡뿌리

노란색 머플러 목에 두르고 걸을 때마다
수선화 한 송이 두 송이 피어나

소리와 소리 엉켜 사나워졌다 부드러워져
소리로부터 시간은 도망쳐

선이 지배하는 바깥
선과 선 사이 갇혔어

머플러 바닥으로 미끄러졌어
나를 내동댕이친 것 같아
두 손으로 들어 목에 둘렀어
피아노 건반 같은 하루 지나간다

규칙

하늘 문이 보이는
교회 옥상 고무대야 안에서
식구 늘리는데 열중인 부레옥잠

부레옥잠 가훈
어미와 떼어 놓아도 묶인 끈 놓지 말자
눈으로 볼 수 없는 통로 있다

두 촉 떼어
하늘 잘 보이는 베란다
옹기방 내준다

장소 적응력 점수는 만점
선과 선 연결하고
어미 닮은 새끼 늘어난다

물 햇살 바람 들이고
식구 늘릴 것 같아도
조건이 붙는다
하늘 섬길 수 있어야 한다는

보상하다와 보상받다

재난기금 10만 원 쓰고 50만 원 주는 남편

젤 스프레이로 세워도
풀 죽는 머리카락에게
두 배의 펌 값 쓰면 힘을 쓸까

단백질 탄내 난다
머리카락 동여매고 귀밑머리 말던 손
코로나19 집단 감염됐다는 뉴스 듣고
티브이 화면으로 돌아간 원장 눈동자

풍성한 뒷머리 추켜세운 거울
데인 귀 아픈 건 참을 수 있겠다
연고 사라고 만 원 미안하다고 만 원 **빼준다**

핑크 립스틱

거울 속에 내가 나를 봅니다
코로나 사이에 두고 사는 시간 길어집니다

남의 화장대에 선 것처럼
립스틱 앞에서 머뭇거리는 손
마스크 쓴 나를 점검합니다

지하철 2호선 충정로역
검은 외투 입고 전철 탄 나비
어디로 날아가려는 걸까요

마스크 벗고 핑크 립스틱 덧바릅니다
전동차 밖 단풍잎 본색을 드러냅니다

마스크에 묻은 립스틱은 오물 같아서
흰 립밤 바른 입술 축축합니다
핑크 립스틱 유통기간 얼마 남지 않았습니다

3부
보이지 않는 갈등

풍무역 지나고 있다

매끄럽게 닫히는 출입문 기다려주지 않는다
발걸음 재촉해 들어간 순간
사방이 벽으로 된 지옥철에 가둔다

헉헉대는 숨소리와 흔들리는 몸
옆 사람한테 맡긴 채
곡선 돌 때마다 얼굴 맞댄 이웃이 된다

그래봤자 서로 어디로 가는지 모를
밀고 밀리는 공간 속에서
가방에 든 詩가 힘이 된다

김포공항 전철이 풍무역 지나고 있다

손끝으로 입양

택배 박스를 열었지요
철사로 묶인 채
미라처럼 누워 있었지요

어둠에서 몰아쉬었을 가쁜 숨
흙 뒤집어쓰고 웅크렸을 두려움
손끝에서 가슴으로 전해왔지요

계단에서 넘어진 아이 일으켜 세우듯
두 손으로 다독여
흙 속에 살포시 입양했지요

보이지 않는 갈등

직지사 처마 끝 풍경
바람 업고 뎅그렁뎅그렁
계단 위 시어머니 부처님 업고
빨리 오라 불호령이다

계단 아래서
손사래치다 눈 뜨니 꿈

시댁 담벼락 세워 놓은
나뭇가지 두 개
위치만 바꾸면 십자가

한소리 들을 각오하고 물었다
티브이 속 드라마에 들어가 식구 된 시어머니 말
동서남북에 방위신 뭐라고 하시는 말
옹알이처럼 들린다

혼자서도 외롭지 않으려고
대문 옆 마당
광 화장실 업신 터주 신도 모신다

내가 모시는 그분
맏며느리 소임할 수 있도록
입 무겁게 하신다

울어도 괜찮아

아이 울음보 터졌다
당근에서 구매한 콩순이 피규어
계속 쓰러지자
성질났다

예나 지금이나 남의집살이
눈치 빼면 이삿짐 싸야 해
어느 동네 너그러울까
딸 직방 앱 연다

밤이 소리 키워
잠투정하는 아이 울음
위층으로 올라갈까
우린 얼굴 바라본다

다 지나간다는 말로 딸 위로해
손녀 안고 섬집 아기 불러

거제 오면 백로 할머니처럼
솔아 돌볼 때 날개 돋아

'딸아 내가 있을 땐 소리 내어 울어
너도 내 앞에선 아이야

잠 안 자려고 우는 아이
뒤돌아서 눈물 훔치는 딸

떼쓰는 아이 업고
백로 따라 고현천 건넌다

팥배나무 식당

거리 제한 없다
가파른 능선 샛길 꼬리를 늘어트린 곳
24시 팥배나무 식당

눈치 볼 일 없다
점심때가 지났어도
늦은 밤 출출해도
직박구리 딱새 곤줄박이 노랑지빠귀

시간제한 없다
혼자 와도 둘이 와도
어서 오라 반기는 팥배나무

아무 걱정 없다
겨울 산 폭설이 쏟아져도
붉은 열매 매달린 그 풍년 식당

생각과 생각 사이

나도 모르게 내가 열린다
신경 줄기를 피해 갈 때는
나의 일부처럼
불협화음 없이 동거한다

성격은 직진형
구름으로 막았다 비로 쓸어버리고
항복 받으려 밀어붙이면
납작 엎드려 손들지만
맞붙을 땐 서로 만신창이

밤에는 수위가 높아진다
잠도 안 자고 눈 감아도 눈 떠도
CCTV처럼 집착한다
욕심이 거품처럼 일어나면
비밀번호 없이도
나를 열고 들어온다

진실 몇 퍼센트 원하세요

비싼 커피에
진실 있는 건 아니에요
천오백 원 커피
진실 몇 프로 들어 있기에
단골이 저리 많을까요

손에 들려 있는 커피 커피
적립카드 스탬프 하나 둘 셋… 열
딩동 쿠폰 하나 받을 수 있어요

굳이 단골 된 이유
집 앞에서 가까워서 가격이 싸서 서비스 좋아서
어떤 건 맞고 어떤 건 틀려요

이런 기사 읽었어요
브랜드 가리고 커피 마셨는데
커피의 진실 찾을 수 없었다는

천오백 원 커피에 길들여지면
누구와 마시느냐에 따라
웃음도 토핑으로 얹어 마실 수 있어요

〈
커피의 진실은 드러내지 않아요

헛것인데 그게 뭐라고

홍대 거리에서
어깨 치고 가던 샤넬 쉐브론 가방
티브이 화면에서 여시처럼 홀린다

카드 긋는 손맛은
야식으로 치킨 먹는 맛처럼
몰래 라면을 끓여 먹는 것처럼
한 번이 두 번 그러다 나를 놓는다
여성 잡지 광고도 영어책 보듯 넘겼다

이 병의 약은
발바닥 불이 나도록 걸어야 한다
메타세쿼이아 숲 들어서자
초록 잎들이 내뿜는 위로

나무 등에 기댄다
그 틈 놓치지 않고 여시가 내개로 온다
이럴 땐 눈 감는 것이 최선

어둠은 거래하기 좋은 공간

고요를 불러들인다
분수가 돌아올 때까지
기다리는 것이다

바닥을 대접하다

위로 올라간 적 없다
저 위에 뭐가 있는지
알고 싶지 않다

바닥은 귀가 밝다
걸어가는 발소리
말소리 알아챈다

바닥 드러내는 뒷담화
벌떡 일어나서
어디를 공격할 줄 모른다

하늘 받들 줄 알고
바른길 안내한다
최초이고 최후인 바닥

소리의 감정 들여대 보는

도마가 먼저 듣는다
호박 부추 써는 소리
부침가루와 물 친밀해진다

반죽 품어주는 기름
서로 기다려주는 시간
고소하게 번진다

아이들 젓가락 장단
아기코끼리 걸음마처럼
경쾌하고 빠르다

엄마를 기분 좋게 해주는
맛있다는 말
입술에 번지르르하다

요부

시詩 투명한 미로
일회용 컵에 삽목한 제라늄
손이 갈길 잃었는지
초록 문장을 떼어낸다
길은 찾을 수 있을까

詩 껍딱지
시에게 물어볼까
중심에서 벗어나 모서리 되어도
곁에 있어 줄 거냐고
시간이 걸리는 대답

詩 사감 선생님
그 앞에선 슬픈 자세
귀퉁이 떨어진 식기건조대
감추고 감춰도
다 털리는 감정

詩 변태 애인
난해할수록 깊어진다
엎치락뒤치락한 만큼

엉덩이에 번지는 열꽃
요부가 될까

효창공원에서

뻥튀기 떼어 던지는 여자아이 앞으로
몰려드는 비둘기

네 안에 숨었던 팥쥐가 나온다
'안 돼 안 돼 비둘기 먹이 주면'

오지랖을 어디에 숨길까
매점 가서 아이스커피 벌컥벌컥
안도감도 잠시
못 본 척 할까, 미안하다 말을 할까
아이 손 잡고 한 발 한 발 다가오는 할머니

'비둘기 먹이 주면 안 된다고 말 좀 해주세요'
 환경운동가 되고 싶은가, 어린이집 선생님 되고 싶은가
 팥쥐 엄마 되고 싶은가

비둘기가 너만 보면 간식 달라고 몰려올 거야
비둘기 몸에도 세균이 있어
다시는 먹이 주지 마, 말이 끝나자

공손해진다
할머니와 약속 지키려는 건가
배꼽에 두 손 올린 아이가
비둘기 밥 안 주겠습니다, 라고 한다

"착한 어린이, 예쁜 어린이"
덤으로 엄지까지 올린다

비둘기와 아이
나와 아이의 거리가 안전하다

수경재배

그동안 품고 있던 흙에게
작별하는 시간을 줘야 한다
화분 통통 두들기고
헐거워진 스파트필름 뽑는다

흙 씻어내고 어항에 넣는다
삼각 플래티, 네온테트라, 블랙테트라
열대어들과 함께 물에 사는 것도
삶의 방식이라고
식물 등불 켜준다

사랑의 온도 식물도 느낀다
서둘러 올라온 꽃대
하얀 꽃등 밝힌다
이제 미안해하지 않을 거다
괄호 열고 잘된 일이라 쓰고 닫는다

식탐 앞에서

홍제천 다리에서 물속 바라본다

새우깡은 갈매기만 먹는 줄 알았다
장맛비 쏟아져 성난 물결 속에서
인기척 알아채고 소떼처럼 몰려든다

언제부터 인스턴트를 먹었을까
집단으로 몰려드는 식탐 앞에서
얼굴 상차림 해주던 아이들 떠오른다

식당 편의점 한솥도시락
비 온 뒤 돋아나는 버섯처럼
혼밥하려는 사람들 줄 서는데

나는 여기 있다

환청

사우고등학교 앞에서 버스를 탄다
앞좌석 앉은 할머니들 수다
버스 안을 돌아다니며 울린다

창문을 타고 내리는 소나기
손으로 빗물 닦으면
저 할머니 또래 엄마가 보일 것 같다
보고 싶을 땐 눈을 감으면 보인다는 말
눈꺼풀 닫는다

젖은 손으로 병원 문 연다
일인용 병실에서 하얀 천을 덮고
딸들이 오기를 기다리고 있다

어디에서 들리는 소리인가
'요단강 건너가 만나리, 요단강 건너가 만나리'
20년 지났는데 환청

눈을 뜬다
그 사이 할머니들은 다 내리고 조용해졌다
버스는 달린다

파란 자존심

일회용 컵 안에서
무지개 지느러미 펼치고
수놈의 무기를 자랑할 때
베타의 전생 공작새였다는
신화를 지어내고 싶다

사내아이 기르듯
어항에 코가 눌리도록
베타 언어 배울 때
둥굴레차 졸아드는 소리 놓친다

어항 안으로 들어온 해
마리안느 화초 잎에 기댄 베라
파란 자존심 구겨진 채
수놈의 빛을 잃어간다

투어 핏줄로 태어나
암컷과 동침 한번 못하고
물의 중심에서 빠져나간다
한 생 나를 떠난다

오리처럼 울다

창밖 간섭 없는 화단에
복주머니가 주황빛으로 익어가네요
그 안에 소리 가둔 꽈리
초조하게 기다리고 있을 거예요
엄지와 검지가 조물거릴 때는
조심스럽게 씨앗 뭉치와 껍질을 분리시켜야
입술과 입술 사이에서 아기오리 소리가 나오거든요
언제 터질 줄 모르는 아슬함이 지나가고
물컹한 씨앗 덩어리 양수 터지듯 흘러나왔어요
꽈악꽈악 누가 오래 부나 내기를 했어요
욕심 앞서면 터진다는 주의사항 전달받았어요

꽈리가 제법 아기오리 소리를 낼 때쯤
꽈리는 입으로 부는 종만 알고 있었는데
오른쪽 뇌에 꽈리가 있다는 소식 들려왔어요
더 자라는 건 꽈리 마음대로 할 수 있데요
햇볕과 물을 공급하지 않으면 성장이 멈출까요
정밀검사 받는 9월까지 그대로 멈춰있을까
덜컥 겁이 났어요
수돗물 틀어 놓고 어미 오리처럼 꽈악꽈악
눈이 퉁퉁 붓도록 울다 거울을 봤어요

거울 속에는 어두운 낯빛 오리가 있었어요
근심 어린 목소리로 중언부언하는
그 사이 복주머니 갈라진 꽈리에서
주황빛 알맹이가 반짝거리네요
밖으로 나가야겠어요
아기오리 우는 소리를 내고 싶어요
꽈리의 성격은 단순하네요

여자의 퍼즐

스마트폰 배경에서
보석으로 박혀있는
손자 손녀 사진 부러웠다

여자로 태어난 숙제가 있다
다섯 개 퍼즐 맞춰야 완성되는
딸에서 아내, 며느리 엄마
오로지 삼신할미 승인 떨어지는
할머니의 자리

사십 넘은 나이배기 딸이
핸드폰으로 보내 준
9주 된 태아 동영상에서
다이아몬드처럼 심장이 반짝인다

밥 냄새 싫다는 임산부
집으로 데려다 놓고 늦깎이 할미가 된다

첫아이 낳은 나를 보러 왔던 엄마
거울 속에서 너도 해냈구나
함빡 웃는다 나도 따라 웃는다

4부
별이 뜨는 순간

비둘기

배부른 미소를 흘리고 있을 거다
야생을 버린 비둘기에게 먹이 준 동물애호가
참는 자에게 복이 있다는 말을 믿고
헛발질하다 뒤돌아 왔을 때
방 안에서 수십 개 깃털이 날아다닌다

프로그램 다양하다
창문 챙 위에서 고함치기
미끄럼틀 삼아 뛰어다니기 반려 화초에 똥싸기
공중에 날던 평화는 바닥으로 추락한다

하늘 우러르면서 날씨 확인을 한다
밤에 비가 온다는 문장 앞에서 전깃줄이 출렁인다
그 녀석들 놀이 무르익는다 목청 돋아
후렴에서 도돌이표까지 구구구 구구구구

감정은 기회가 될 수 있다고
밥 주는 사람 말은 잘 들을 거라고
내일부터 밥 준다는 말 해보라고 바람 잡는 이 있다
그 녀석들 놀이 끝나지 않았다
구구구 구구 구구

손녀를 재우면서

산후조리원에서
신생아 태를 벗어 놓고 온 손녀
닭이 방금 낳은 달걀을 받아들듯
딸 품에서 받아안는다

손녀를 재우면서
병아리 품고 있던 어미 닭이 생각난다

어깻죽지 펴져라 어깻죽지 펴져라
어서어서 자라거라

할미 품 따스하다는 듯
오물오물 말을 하려는 듯
발그레한 얼굴이 환하다

아기 토닥이다 보면
앵두 입술이 웃는다

그 아기 입술 자다가도 생각나
나도 따라 웃는다

오월의 꽃

신들의 거처 궁금하지 않다
해를 받들고
초록 치마폭에 숨긴 하얀 솜사탕으로
오월의 꽃이 된 산사나무처럼

막다른 골목에서
어둠이 불쑥 튀어나올 때
그를 숭배한다

머리 위에서 눈부시게
쏟아지는 시간
등산화 신은 오월이
숨 가쁘게 산으로 올라간다

7부 능선 넘자
팔에서 돋아나는 초록 잎사귀들
산에서라도 꽃이 되고 싶다
오월의 꽃 산사나무처럼

별이 뜨는 순간

눈두덩에서 큰 별 반짝 떴다
외손녀 무릎에 앉는 순간

할미 표정 보고하는 건지
손녀 머리가 아픈 건지
'괜찮아' 한다

아프단 말 입안에서 길 잃은 사이
퉁퉁 부어오른 눈두덩

아프단 말 꺼내지 못하고
서울까지 품고 올라왔다

외손녀 머리 궁금했지만
괜찮아, 목소리 따라와
안부 전화할 때 입 꾹 다물었다

하얀 꽃무더기 앞에서

눈이 나를 깨워요
재워 놓은 방랑벽이 보채요
배낭을 꺼내고 보온병에 물 담아요

덕유산 능선 마디 쌓인 눈 설기
하늘이 주신 종합선물세트예요

앞서가는 사람 눈사람인가요 나무인가요
옆에 서 있는 사람 나무인가요 눈사람인가요

열두 폭 구름이 찢고 해님 나왔어요
하얀 꽃무더기 눈부시게 빛나네요
천상도 이렇게 아름다울까요

카메라를 꺼내요
김치 치즈, 향적봉 꽃무더기 앞에서
꽃으로 피어나요

카페 오롯이꽃

뷰가 사람을 끌어들인다지요
눈 가는 곳마다
강이 보이는 카페에 들어갔어요
메뉴판 가격으로 눈동자가 돌아갔어요

스타벅스보다 비싼 가격
발이 뒷걸음쳤어요

아들 옷자락 잡아당겨
나가자고 했더니
커피값은 손님 주머니 따윈 생각 안 한대요

윤슬 수국 비비추 앵두나무
토핑으로 얹혀 마시면서
뷰가 값을 한다고 말했어요

단골 되고 싶은 다시 오고 싶은
미사리 카페라고
아들은 못 읽었을 거예요

그런 때가 있었다

엄마가 설정한 통행금지 매웠다

"오늘 집에 올 수 있어"
솜털 뽀송한 나를 자석처럼 끌어당기던 남자
귓불에 붙은 목소리
하루를 씻어 연탄아궁이에 안치고
우렁각시가 된다

조바심 두 근 섞어
호박 감자 청양고추 넣은 된장찌개
내가 네 마음 안다고 끓고 있다

둥근 추 왔다 갔다 하면서
눈치 주는 괘종시계
뻐꾸기 한 번쯤 빼도 될 걸
열 번 울 때
달팽이관에서 들리는 엄마 목소리

밥공기 아랫목 밍크담요에 넣고
버스정류장으로 달리게 하던
그런 때 있었다

온몸 소리가 되어도

한 생을 펼쳐놓고
온몸 다 드러내놓고
붉게 달아오른 담쟁이

절정 앞에 두고
자세 바꿔가며 소리친다
그래그래 고성방가도 괜찮다

일 년 기다렸으니
온몸 소리로
날아올라도 괜찮다

물보라

카푸치노 어때 물었다
망설임 돌아 나온 파문인가
눈동자에서 흩어지는 물방울들

오늘 날씨만큼 읽히지 않는다

커피에 궁금증 섞어
초코파이와 함께 컵이 바닥 드러내도록
웃고 수다를 떨었다

그녀의 남자 수면 위에 떠오른다
목소리 밝아지는 건 불협화음 모른다는 긍정

외로운 짐승이 쫓아다닐까
어두운 그림자 끌고 다닐까
반전 숨기지 않는 칠십인 그녀를 걱정했었다

라디오 멘트 듣듯 넘어갈까
잘했어 잘한 거라 말을 할까
얼굴 마주 본다

서로 다른 생각이 부딪쳐 사방으로 흩어진다

사랑초

'너는 어떠니'

벌써 일곱 시 삼십 분 서큘레이터 좌우로 돈다
회전할 때마다 들리는 휘파람 소리
라디오에서 들리는 래퍼의 독백 같아
초록 잎맥은 깊숙한 숨을 들이마신다

제멋대로 창문 뚫고 들어온 볕
제 새끼 핥는 짐승처럼 구석구석 핥는다
이것은 희망이라는 몸짓
꽃대가 밖으로 나올 수 있는 설득이다

유전자 근성은 줄기를 길게 뽑아낸다
힘은 뺄수록 멀리 갈 수 있다고
어둠 속에서 알뿌리를 다독이는 흙

십계명 첫 계율 지키듯 고개 치켜들지 않았다
수녀처럼 사는 것도 낮은 곳에서
영역을 넓혀나가는 것도 삶의 방식

살만하냐고 묻는 말

밥은 먹을 만했냐고 묻는 것 같아
길게 뻗은 줄기에서 화답하는 꽃망울
곧 빛으로 나올 것이다, 입에 바른 찬사를 해준다 해도
기분이 좋다

'너는 어떠니'

기억이 없다

날이 선 번뜩임 보이지 않는다
복숭아 깎은 과도
어디로 갔나

사과 깎을 때 부엌칼 꺼내든다
뇌 협곡 어디쯤까지
불청객 보폭 넓혀가고 있나

기억은 모래 위에 쓴 글씨
파도가 왔다 가도 휩쓸려 가지 않는
꽃무늬 무거운 과도 산다

내가 나를 믿지 못한다
베란다 제라늄 화분에 물뿌리개 들이대는 순간
물받이에서 오후 두 시 빛처럼
번쩍 부라리는 칼

왜 여기 있는지 화분 속 어둠만큼 기억이 없다

동행

허름해도 괜찮다
낡은 빌라에서 집과 늙어가는 할머니들
봄 어깨에 걸치고
엉덩이 붙일 수 있는 공간이면 목소리 커진다

1층 문 앞으로 삼시세끼 먹듯 챙긴다
서로 안녕을 읽으면서
오가는 사람의 페이지 넘기는 것도 쏠쏠한 낙

자식 며느리 손자 자랑이든
험담이든 털어놓으면
더부룩한 속 게워낸 듯 개운하다

'잠자다 갔으면 좋으련만
나도 좋고 자식들도 좋고' 이구동성 표가 몰린다
이쯤에서 나도 한 표 던져 말아

못난이 사과

제기동 2번 출구 앞 리어카에서
흠 사과 고르는데 이명처럼
들리는 거야

사과 안쪽에서
둥근 면 타고 나오는 소리
들어본 적 있어

저 웅얼거림 무엇일까
사과 중심에 내 중심을 맞댔어

'비가 억수로 쏟아지는 밤
씨앗의 시간을 기억하며 버텨봤지만
바닥으로 떨어졌어

테두리에서 벗어났어도
선택받고 싶었어'라는 웅얼거림이 들렸어

전철이 몰고 왔는지
제기동 2번 출구 리어카 앞으로
사람들이 모여들어

〈

멍들고 상처 난 사과 앞에서
사과보다 흠 많고 주름진 손으로
바구니를 채우고 있는 할머니들

배롱나무꽃 두 번 피었다

천장에서 흘러내리는 빗줄기
장마철 불안이 달려든다
머리맡에서 양동이와 걸레가 지킨다

재건축 이주통지서를 받고
맨 위층은 불안이 쫓아올 것 같아
3층 빌라의 2층을 계약했다

이사 한 후 장마철 밤이 두렵지 않았다
빗소리 수면 유도 음악일 뿐
그러나 오래가지 않았다

장마 길어지자 천장에서 피어나는
식물도감 없는 꽃들
불안이 천장 타고 내려와
이 벽 저 벽에서 출몰한다

잠자다 물벼락 맞는 꿈인 줄 알았다
묵은 둥이 꽃의 뿌리 천장을 뚫었다
집주인한테 수재민 자격으로 전화했다

다섯 가구와 거래는 깊은 안갯속
비만 오면 불안이 베갯머리까지 눕는다

대문 앞 배롱나무에서 두 번째 꽃이 피었다
한 번 더 피면 가을 온다는데
입주 밀서는 언제쯤 도착할까

나뭇가지 위에서 꽃으로 완성되는

제라늄 화분 앞에서 꽃망울 찾고 있는
어느 방향으로나 구부릴 수 있는
블루스타 고사리 유연성 부러워하는
위층 어디선가 웃음과 울음이 교차하는
머리 스타일 바꾸면서 살아있음 확인하는
벽에 기댄 십 대들의 반항하는 계절
소나기와 번개 대추나무 내리치다 창문 내리치는
엄마의 간절한 기도가 시편 열게 하는
기쁨과 절망 번갈아 시험하는
지하 오락실에서 아이들의 웃음소리 들리는
혹은 사내 성난 목소리가 들려오는
길고 습습한 5호선 환승 통로
충정로역 게이트까지 거친 바닥을 끌고 가는
냉장고 뒤에 쌓여있는 무관심
방금 도착한 청소기 바람
햇살이 금 간 시멘트벽으로 쏟아지는
앞을 봐도 뒤를 봐도 순하디순한 보름달
거기로부터 시작한 눈발이 순례 끝내고 나부끼는
지상으로 내려와 나뭇가지 위에 꽃으로 완성되는

이 문장은 삶의 페이지~

화답

나도제비난
뿌리 근성 확인한다고
화분 엎지 않는다

하루 시작
라디오를 틀어준다

창문을 연다
바람 볕 하늘
내통하는 시간을 준다

오래 기다린 것 같아도
음표 닮은 꽃망울
천진스레 피어난다

당신과 나 사이 온도

일출은 덤이고
물때 절정 덕적도
쫄깃한 광어 낚는다더니
뭐야 가슴에 파란 장미

벚꽃 댄스파티 막 내린다는 말
내 앞으로 떨어진다
무희들 속으로 들어갔다
내 앞으로 쏟아지는 꽃잎 꽃잎

어라 브래지어 속 벚꽃
파란 장미와 분홍 벚꽃으로
그 합 어디쯤에서 뜨거울까
축축한 시간 깔아 놓는 어둠

너는 내 안의 여자
나는 네 안의 남자라고
서로 달구는 건
끓는 기름에서 막 건진 야채도넛 먹은 일

뱀처럼 똬리 튼 시간

모래시계처럼 잘록한 허리 비틀고
항문 조여 오는 순간
당신과 나 사이 온도는?

헛꽃으로 빛나다

약속은 말이 필요 없다고 우겨요
효창공원 청수국 곁으로 가요
헛꽃으로 들러리 세우고
주근깨 많은 참꽃이 숨어있어요

아콰마린처럼 빛나는 헛꽃을 보고 있어요
비비크림으로 눈속임 한 내 얼굴 빛나요
가끔 착각해요, 헛꽃이 참 나인 줄
가짜는 화려해야 이목 끌 수 있데요

햇살은 헛꽃 열고 헛꽃은 나를 열어요
지금 나는 헛꽃이지요
참꽃이 지시하고 헛꽃이 동의해요
참꽃은 올 터진 속옷 같아 숨겼어요

씀바귀

씁쓸한 속으로
도봉산 용어천 계곡에서
물소리 새소리 바람소리 듣는다

씀바귀를 한 잎 떼어
초록 잎맥 헤지도록 씹고 씹어 넘긴다
어디까지 내려갔다 올라온 맛일까
단맛이 돈다

산다는 건
쓴맛에서 단맛 나올 때까지
곱씹으며 견딘 시간이었다

두 살배기 남편의 가을

배 움켜쥐고 119에 실려 간 남편
장 파열 수술 끝나고 중환자실에서
아홉 개 수액 매단 산송장이 되었다

면회 시간이 두려웠다
조현증까지 찾아와
들숨날숨 길 잃고 헤맬 때마다
어디에서 헤매고 있는 걸까
감긴 눈에서 억울함 흘러내린다
귀는 기억하고 있다 내 목소리에 눈 뜨는 남편

고비사막을 건너와 살았다 한순간
복막염 수술이라니
이런 재수도 없다
불행은 예고하지 않는다

아들 고집은 꺾을 수 없었다
간병인 없이 서로 교대하면서 병상 지켰다
가족의 체온은 처방전 없는 약이었다
후생을 얻고 퇴원했다

나무들이 가을 떨어뜨리고 있는 만리 배수지
복대로 배를 여미고 첫걸음 떼듯
지팡이 앞세워 옷이 젖도록 걷고 걷는다

우린 어떤 인연으로 만나 여기까지 왔을까
비바람에 젖지 않고 찢어지지 않는
견딘 시간이 입혀 준 고어텍스 외투
커플로 입고 있었다

다시 태어난 한 살배기 남편
벽에 걸린 묵은 달력 찢어낸다

첫 손녀

3단 고음으로
신고식 한 너는
알비니카 꽃숭어리
내 품에 쏘옥 들어온
작은 우주

장작불 같은 너
섬집 아기로 어르면
조금씩 조금씩
순하게 녹아내리는 잠

* 알바니카 : 리톱스 다육이 종류

별꽃 이야기

낮은 곳에서 뜨는 별
하늘바라기 하면서
어둠을 닦아 놓는다

환히 밝혀 놓은 길
대여섯 살 아이 쪼그려 앉은다
별꽃에게 말을 건다

어른들은 바삐 걸어간다
별꽃은 아이를 걱정하고
아이는 별꽃을 걱정한다

장미꽃 차

솜털 보송한 장미꽃 숭어리
모태에서 떨어지는 순간
향기 돌돌 말아 쥐었다

구십팔 도의 물에서
꽃의 에덴 생각하는 동안
찻물 짙어질수록
장미의 생을 온전히 내려놓는다

지나간 사랑이 있기는 하나
하얀 접시에 건져 놓고
앳된 꽃망울 바라본다
나를 바라보듯

작품해설

삶이 파동처럼 그려낸 비창

- 윤향기(시인·문학평론가)

〈작품해설〉

삶이 파동처럼 그려낸 비창

윤 향 기(시인 · 문학평론가)

1. 고모리 호숫가 그 이후

이훈자 시인의 시집 『흑당커피가 녹아드는 시간』은 첫 번째 시집 『고모리 호숫가 2004년 이후의 5번째 시집이다. 얼핏 단순한 풍경으로 읽혀지기 쉬운 이 작품세계는 마치 양파껍질처럼 한 페이지씩 벗겨지면서 순백의 속살 같은 우주가 넉넉히 들어가 있다. 자연스럽게 시인이 걸어온 시공간을 아득하게 펼쳐낸 자전적 기록인 동시에 상처를 분리하고 해체하면서 힘겨운 실존을 구성하고 있는 생의 서늘한 노래이다.

무작정 보이는 세계에 대한 경탄과 찬미라면 문제가 있을 것이다. 그러나 시인의 시는 다르다. 자신이 불완전자임을 자각하고 완전을 향하여 끊임없이 노력하여 나아가려는 상상력을 통해 모든 시들어가는 것들에 활력을 불어넣는다. 아픔을 겪고 난 후의 아름다움에 조용히 관심을 가지며 이를 껴안고 가기에 그렇다. 상처와 미움, 경쟁, 집착과 고집의 가시를 빼낸 헐거운 오래된 나무가 부르는 치유와 안온의 노래와 품과 그늘이기에 그렇다. 촘촘하고 빼곡한 길에 생의 의미를 놓는 것이 아니라 헐거워지고 비워진 자리에 생의 참 의미가 있음을 깨우치는 시들은 이제 그가 비로소 원숙한 시인의 길에 접어들고 있음을 보여주는 실증들이다.

시인의 시는 불가피한 경계에서 맞이한 죽음과 이별, 상처, 통증, 그로 인한 한없는 슬픔과 그리움의 흔적들은 몸의 주체가 될 때까지 끊임없이 호명되고 마주하며 지속해서 그 깊이를 드러낸다. 이제 한 걸음씩 옮기며 작품 안에서 일렁이며 빛을 발하는 시편들을 만나보도록 하자.

> 택배 박스를 열었지요
> 철사로 묶인 채
> 미라처럼 누워 있었지요
>
> 어둠에서 몰아쉬었을 가쁜 숨
> 흙 뒤집어쓰고 웅크렸을 두려움
> 손끝에서 가슴으로 전해왔지요
>
> 계단에서 넘어진 아이 일으켜 세우듯
> 두 손으로 다독여
> 흙 속에 살포시 입양했지요
> ―「손끝으로 입양」 전문

눈과 귀를 닫고 머리만 돌리는 문명인의 무감동과는 다르게 시인은 꽃이나 여린 새싹들을 늘 염려한다. 푸른 지구 안에서 살아가는 모든 생명체를 자신과 동일한 존재로 생각해야 모든 시름이 녹아내린다. 생명 있는 것이나 무생물이나 이 땅에 숨 쉬고 있는 것들을 옆에서 바라볼 줄 아는 순수한 영혼이다. 사람들은 말한다. 시인은 생명의 나무 가장 꼭대기에 서 있는 자라고. 그렇다. 진정한 시의 나무란 자신의 삶을 흔들어보는 순간에야 가장 절절하게 모습을 드러낸다. 나무는 꽃을 틔우고 잎을 떨구며 끊임없이 가지를 뻗어 간다. 시인은 꽃이나 채소, 초목, 일상의 다양한 풍경들을 시의 소재로 등장시킨다. 마음의 파동으로 자연스럽게 접하는 사물들에 대한 시인의 시적 사유는 지극히 진솔하다. 자신의 체험을 통해 사유한 시는 파장이 깊고 친근감이 있어 생명력이 강하다.

> 신들의 거처 궁금하지 않다
> 해를 받들고
> 초록 치마폭에 숨긴 하얀 솜사탕으로
> 오월의 꽃이 된 산사나무처럼
>
> 막다른 골목에서
> 어둠이 불쑥 튀어나올 때
> 그를 숭배한다
>
> 머리 위에서 눈부시게
> 쏟아지는 시간
> 등산화 신은 오월이
> 숨 가쁘게 산으로 올라간다

> 7부 능선 넘자
> 팔에서 돋아나는 초록 잎사귀들
> 산에서라도 꽃이 되고 싶다
> 오월의 꽃 산사나무처럼
>
> －「오월의 꽃」 전문

　등산화를 신고 오월 산을 오른다. 탐사 도중 만나는 빛나는 햇살과 산사나무꽃과 초록 잎사귀들은 시인의 면모를 읽게 하는 장치로서, 등산을 하며 대자연을 바라보는 감수성은 그의 인간적 면모를 흠뻑 느끼게 해준다. 시인은 일상에서 삶이 승화된 순간과 생명성을 지향하는 내적 존재로서의 운명을 거부하지 않는다. 그러나 타자들과는 달리 시인의 주된 목표는 자연적인 현상을 단순히 기록하거나 그 장엄한 모습을 드러내는 데에 만족하지 않는다. 자연의 정밀한 관찰은 자신만의 상징적인 세계를 표현하는 초석이며 자연이라는 매개체를 통해 인간의 시간, 자연의 시간, 더 나아가 신과 광합성한 신의 시간까지 명상하고자 한다.

> 앞서가는 사람 눈사람인가요 나무인가요
> 옆에 서 있는 사람 나무인가요 눈사람인가요
>
> 열두 폭 구름이 찢고 해님 나왔어요
> 하얀 꽃무더기 눈부시게 빛나네요
> 천상도 이렇게 아름다울까요
> 〈

카메라를 꺼내요
김치 치즈, 향적봉 꽃무더기 앞에서
꽃으로 피어나요
 　　　　　　-「하얀 꽃무더기 앞에서」부분

제라늄 화분 앞에서 꽃망울 찾고 있는
(중략)
길고 습습한 5호선 환승 통로
충정로역 게이트까지 거친 바닥을 끌고 가는
냉장고 뒤에 쌓여있는 무관심
방금 도착한 청소기 바람
햇살이 금 간 시멘트벽으로 쏟아지는
앞을 봐도 뒤를 봐도 순하디순한 보름달
거기로부터 시작한 눈발이 순례 끝내고 나부끼는
지상으로 내려와 나뭇가지 위에 꽃으로 완성되는

이 문장은 삶의 페이지
 　　　　　　-「나뭇가지 위에서 꽃으로 완성되는」부분

「하얀 꽃무더기 앞에서」시인은 스스로가 고귀한 존재가 되어 "열두 폭 구름이 찢고 해가 나왔어요 / 하얀 꽃무더기 눈부시게 빛나네요 / 천상도 이렇게 아름다울까요"라고 질문한다. 지상에 발을 딛고서 천상을 동경하는 시인의 무의식은 인본주의일 것이다. 이때 시인의 시선은 자연을 향하고 있지만, 심안은 덕유산 향적봉을 바라보고 묵언을 벗어 던진다. 「나뭇가지 위에서 꽃으로 완성되는」에서는 "환승 통로, 거친 바닥, 무관심, 금 간 시멘트벽, 순한 보름달"을 지나 "눈발이 순례 끝내고 나부끼는 / 지상으로 내려와 나뭇가지 위에 꽃으로 완성되는 // 이 문장은 삶의 페이지"라고 울먹이다 정신 차린 시인은 아무도 올라갈 수 없는 높은 나뭇가지에 도달하여 경이로운 꽃으로 약동한다. 시인의 꽃은 현실에 단단히 뿌리를 둔 절정의 꽃이자 존재의 꽃이며 관계의 꽃이기도 하다. 따라서 시인의 꽃에는 애증과 미움이 있고 집착과 애환이 있고 도약으로 충일하다. 생의 우듬지까지 꿈을 밀어 올리는 역동적인 힘은 고집스럽게 자기 자신을 성찰하고 그 힘으로 세상을 헤쳐 나간다.

주저 없이 오르고 올라서 정상에서 기쁨을 노래하는 시들에서 유독 슬픔이 느껴지는 것은 오독일까.

> 약속은 말이 필요 없다고 우겨요
> 효창공원 청수국 곁으로 가요
> 헛꽃으로 들러리 세우고
> 주근깨 많은 참꽃이 숨어있어요
>
> 아콰마린처럼 빛나는 헛꽃을 보고 있어요
> 비비크림으로 눈속임 한 내 얼굴 빛나요
> 가끔 착각해요, 헛꽃이 참 나인 줄
> 가짜는 화려해야 이목 끌 수 있데요
>
> 햇살은 헛꽃 열고 헛꽃은 나를 열어요
> 지금 나는 헛꽃이지요

참꽃이 지시하고 헛꽃이 동의해요
참꽃은 올 터진 속옷 같아 숨겼어요
- 「헛꽃으로 빛나다」 전문

누구의 인생이나 '헛꽃' 아닌 이가 있을까요? 만개했을 때는 북적북적 소란스럽다가도 질 때는 발걸음 하나 없이 그저 조용하다. 다 비운 사람만이 느끼는 적요의 자리에서 나 자신을 깊이 성찰한다. 시인은 지금 고요한 안거安居에 든 것이다.

"아콰마린처럼 빛나는 헛꽃을 보고 있어요 / 비비크림으로 눈속임 한 내 얼굴 빛나요 / 가끔 착각해요, 헛꽃이 참 나인 줄 / 가짜는 화려해야 이목 끌 수 있대요 // (중략) 지금 나는 헛꽃이지요"라고 단정 짓는 저 자신감. 저 냉철한 자아성찰은 중견 시인만이 견지할 수 있는 경지일 것이다. 시인은 어떤 아픔이나 세상의 냉혹에도 스스로를 가두지 않고 툭툭 털고 일어나 애써 지워버리는 시인으로서의 고귀한 투혼을 보여준다. 생화의 속성인 다정함과 애틋함 외에도 꽃이 져버린 그 이후의 적요한 시간마저 무의식 깊숙이 품어 올려 몹시 쓸쓸하고도 적요한 시간이다.

2. 존재론적 구도의 시작(詩作)

경동시장으로 가요

지하철은 종로3가를 지나고 종묘를 지나고 신설동을 지나요 다음 역에 내려야 해요 어깨에 가방을 메고 장바구니는 손에 들어요 제기역에 내리자 걸음이 빨라져요 마트 가격 반만 주면 살 수 있는 양배추 당근 무 고등어자반 파프리카를 사요 상인들의 외치는 소리에 끌려 오이를 사요 어깨에 메고 버스를 타요 빈 의자에 앉아 두 손에게 쉼을 줘요 동대문 지나자 고맙다고 머리 숙여요 장소 따라 시간에 따라 내가 없어져요 부인 엄마 할머니 배역이 몇 개나 더 있는지 궁금하지 않아요

　　주방에서 샐러드 삶은 계란 오이소박이 멸치조림 배춧국 식탁에 올려요 음식 씹는 소리 수저 부딪치는 소리는 나를 찾게 해줘요 오늘의 기분을 읽혀요 소파에 앉아 디저트처럼 음악을 먹는 동안 곰보배추 차를 마시는 동안 존재가 나를 꿰매고 내가 존재를 꿰매요
　　　　　　　　　　　　　　　－「수선하는 시간」 전문

　삶의 심연을 향한 구도적 자세가 돋보이는 작품이다. 시인에게 시작詩作은 내면으로의 여행이자 구도의 과정이다. 시를 읽고 나면 일상에서 고찰된 삶의 깨달음이 오롯이 떠오른다. 한 편의 시에 임하는 시인의 자의식은 마치 종교적, 구도적 자세와 같다. 거창한 연구나 대단한 철학에서 배운 것도 아니다. 소소한 생활 가운데서 벌어지는 풍경들을 견지하여 자기검열에 치중한 시인의 시인됨이 드러난다. 시인으로서의 삶에 대하여 다독이고, 홈질하고, 사경하는 통찰이 자연스레 스며있다. 한편 이 물음들은 스스로에게 던지는

질문이면서 동시에 모든 시인에게 던지는 질문이다. 「못난 사과」를 펼치면 "멍들고 상처 난 사과 앞에서 / 사과보다 흠 많고 주름진 손으로 / 바구니를 채우고 있는 할머니들"을 경동시장 갈 때마다 만나고, 「배롱나무 꽃 두 번 피었다」에서는 "천장에서 흘러내리는 빗줄기 / 장마철 불안이 달려든다 / 머리맡에는 양동이와 걸레가 지킨" 혹독한 환경에서 인생역정을 이겨내고 이제는 재건축 새 아파트로 이주하여 꽃피는 중년을 만끽하는 시인. 「진실 몇 프로 원하세요?」에서는 "천오백 원 커피에 길들여지면 / 누구와 마시느냐에 따라 / 웃음도 토핑으로 얹어 마실 수 있어요"라는 너스레와 함께 허욕과 허세를 경계하는 담담한 철학이 담겨 있다. 이처럼 시란 영감으로 다가온 그 순간적인 외침을 영원한 것으로 새기는 일일 것이다. 그 사실을 자신에게 감추지 않기 위해 감각의 공유, 시선의 공유, 생활의 공유를 해탈한 표정으로 외친다.

수다도 군더더기도 없는 정갈한 울림, 아무렇지도 않은 듯, 할 말 다 하는 작품들, 그렇다. 아무렇지도 특별하지도 않은 일상보다 더 진솔한 삶이 어디 있을까. 무연하게 하루를 보냈다면 그것이 바로 시이며 삶의 기적인 것이다. 비틀고 해체하는 소란스런 문장구조는 아니지만, 우리가 궁극적으로 가 닿아야 할 원형에 대한 심미안적 각성이라서 조금은 얼얼하고 아리다.

말이 뛴다
조랑말 뛴다
편자 단 수말도 뛴다

소음 뱉어내는 무른 천장

양상추 파프리카
입안에 넣고 오물거리다
뿔 곤두서는 양띠 여자

뛰어가서 들이받아 볼까
사납게 뛰는 심장 다독인다

같은 초식동물인데
오늘은 견뎌보리라

말이 뛴다
암말도 뛴다
말 네 마리 밤낮으로 뛴다

― 「층간소음」 전문

  이 작품 역시 일상의 풍경이다. 요즘은 층간 소음으로 생명을 잃는 불상사도 나타나는 무서운 시대다. 누구나 겪었고 겪을 수 있는 몸부림치는 삶이다. '말, 조랑말, 편자 단 수말'을 인간 대신 등장시킨 센스가 돋보인다. 양띠인 시인은 "위층 올라가 들이받아 볼까" 하다가 다시 한번 심호흡하고 참을 인자로 분노충동을 조절하며 "사납게 뛰는 심장 다독인다 / 같은 초식동물인데 / 오늘은 건더보리라" 모든 사람을 자신과 같은 초식동물로 보는 선함을 가졌다는 것은 그 만큼 내공이 쌓였다는 말에 다름 아니다. 삶에서 얻은 지혜가 충만하다.

> 기울고 금 간 담벼락은 기회
> 바깥세상 궁금했는지
> 담을 타고 길가에 넘어온 대추나무
> 가지마다 품은 뜻 알알이 영근다
>
> 씨알 굵고 때깔 좋아도
> 차례상 기웃거리지 못하고 비탈길에서
> 구르고 구르면서 단단해진다
>
> 오가는 발걸음에 밟혀도
> 계절의 명을 받아 단맛이 든다
>
> 하나둘 주워온 대추
> 물기 빠지고 쪼글쪼글해질수록
> 씨 있는 말씀 힘 있게 들린다
> ─「씨 있는 말씀」 전문

 벼락 맞은 대추나무가 최고라는 말 많이 들어봤다. 차례상에도 못 오르는 길가에 떨어진 대추들을 본다. 그래도 누군가에게는 보석 같은 가을이어서 바짝 말려 두었다가 진하고 달달한 대추차를 끓여 먹고, 한여름 보글보글 삼계탕에도 넣어 먹고, 곶감에 곁들여 술 안주 말이로 귀한 대접을 받기도 한다. 이렇듯 삼라만상은 태생이 중요한 것이 아니라 그의 마지막 행위가 그의 계급을 정하는 것이다.

3. 인간의 고귀함과 미학의 시간

스웨덴에 사는 아들 또래 단젤 지수 남 린드버그*
2개월 무렵 스웨덴으로 입양을 갔대요
마흔여섯 살인 지금 제 뿌리를 찾으려고 해요

입양 서류 친모란 이름이 같다는 이유로
나이가 비슷하다는 간절함으로
내 손톱 조각이 필요하다고 부탁하는데
뿌리치지 않고 뭐든 해주고 싶어요

그동안 손톱을 깎아 버리면서
버려야 하는 것에 진심을 담아보진 않았어요

내가 해줄 수 있는 건
엄마가 아니라는 것을 확인시켜줄
손톱 조각을 보내는 일

스킨답서스 키우듯 손톱이 자라기를
손 씻고 핸드크림 바를 때마다 응원해줬지요
멸치도 많이 먹었어요

이제 시간이 되었어요

비행기 타고 가서 친자 검사해주라고
질게 기른 손톱을 잘랐지요

열한 번째 아픈 손가락이 생겼어요
내가 엄마가 아니어서 더 아픈 손가락
　　　　　　　　　－「열한 번째 아픈 손가락」 전문

　실존에 대한 안타까움에 머무르지 않고 타자를 격하게 껴안는 이 이타행에 주목해보자. 아프고 고통스러워하는 타자에게 기댈 곁을 내어주는 아름다운 장면이다. 품어준다는 것은 타자에게 다가가 함께 괴로워하며 타자와 같은 감정을 진하게 공유했다는 의미이다. 자신의 경험이든 아니면 어떤 깨달음에서 유추한 것이든 강렬한 애착을 가진 미학적 균형과 긴장을 보여주는 이 시는 특수한 사례가 아닐 수 없다. 세상과 대적하지 않고 타자의 아픈 어둠을 불 밝혀주려는 노력은 시인의 참 모습을 보여주는 듯 하여 뭉클하다. 그리하여 이 시를 읽으면 그늘과 향기의 미학적 공명을 한 아름 선물해준다. 그만큼 시인은 캄캄한 터널을 지나 나타나는 환한 세상을 통해 함께 번져가려는 마음을 견지해간다. 그 근원적 힘은 사랑에서 오는 것이므로 그동안 시인이 추구해왔던 세계란 아름답고 드넓은 진정성으로 가득한 공간이 아닐 수 없다.

　　네 살이 된 손녀
　　보라색 보석 박힌 반지

손에 끼워준다

　　약지에 처음 끼어 본 플라스틱 반지
　　빨간 펜으로 두껍게
　　밑줄 친 문장처럼 애틋하다
　　　　　　　　　　　　　-「플라스틱 반지」부분

　누구나 고향의 목마른 황톳길을 그리워하듯이 시인이 시를 사랑하는 것은 시의 순결스러움이 아니라 시의 헐벗은 자세와 낙엽 구르는 소리처럼 아우라를 이루는 작은 몸짓들인 것이다. 이처럼 시인이 손녀를 사랑하는 것은 손녀의 진귀함 때문이 아니라 손녀의 머루빛 눈동자의 눈웃음, 휘날리는 머리칼의 부드러움, 별것도 아닌 것에 까르륵까르륵 웃음보를 터트리는 작은 몸짓들인 것이다.

　할머니들의 전유물인 동창 모임에 가보라. 손주 자랑을 하려면 우선 현찰을 적어도 한 2만 원 정도 탁자에 올려놓아야 한다. 그토록 제일 먼저 이야기하고 싶은 주제가 손주들의 성장 과정이기 때문이다. 아마 시인도 "네 살이 된 손녀"가 약지에 끼워준 "보라색 보석 박힌 플라스틱 반지"를 끼고 모임에 나가 현찰을 내놓으며 자랑했을지도 모르겠다. 할머니가 되어 본 사람만이 느낄 수 있는 내공이 숨어있다.

　　사진 속 광부 앞에 멈췄다

　　야간에도 출근하셨던 아버지

아랫목 군용 담요 속
아버지 밥주발 대장이다

엄마 앓는 소리 방문에 왔다 가고
아침밥 하라고 오신
아버지 손에서
안티프라민 냄새가 났다

엄마는 떠나고
짐꾸러미 안 되겠다고
정신 꼭 붙들고 이십 년 더 사시다
어머니 곁으로 떠나신 날

아버지 품에서 눈물만 흘렸다
— 「안티프라민 바르던 손」 전문

 이 시는 허물어져 내려온 광산의 아린 증언록 같다. 그 증언록에서 시인은 자신의 존재론적 기원인 아버지를 소환한다. 이때 시인이 기억 속에서 아버지를 찾는 매개체는 바로 '안티프라민'이다. 고된 노동으로 단단하게 굳은 등이나 삐걱거리는 관절에 쉼 없이 바르셨을 아버지의 삶을 깊이 꿰뚫어 보려는 자기애는 확실히 남다르다. 어린 시절 모든 상처에 특효약으로 각광 받았던 만병통치연고가 안티프라민이었다. 그때 그곳에 살고 있던 존재에 대한 깊은 성찰이 돋보인다. 시인은 이런 자신의 경험적이고 개성적인 목소리를 통해 자기 확인과 애상에 대한 열망을 보여준다. 경험적 주체와 시적 주체를 통합시키는 자기표현은 그래서 탄복할 만하다.

  아픔과 지난한 삶을 살다 온몸을 다해 천상의 소리로 날아오르신 아버지는 이제 피안의 세계에 계실 것이다.

  「요부」에서 "詩는 투명한 미로 / 詩는 껌딱지 / 詩는 사감 선생님 / 詩는 변태 애인"이라고 명명했던 시인도 이제 생의 가을 무렵에 당도하여 자신을 '헛꽃'에 비유하고 있다. 가을 들녘에 때맞춰 향기 가득한 단풍이 되었다가 집착을 비우고 떨어지는 헛꽃처럼 텅 비우고 싶은 것이다.

  「흑당커피가 녹아드는 시간」에서는 "페트병에 구멍 뚫는 순간 / 페트병이 칼을 밀어냈어요 / 검지에서 후회가 뚝뚝 흘렀어요 // 흑당커피 라떼처럼 달콤하고 / 부드러운 시간 즐기는 동안 / 빠르게 더디게 아물어갔어요"라고 독백한다. 부족했던 삶에 대한 후회와 반성이 통과해온 시간을 돌아보며 얻은 통찰과 지혜로 생의 강을 행복하게 건너고자 한다. 커피보다 연한 갈색 표지의 시집을 꺼내 읽으며 가을 온도에 빠르게 식어가는 커피를 마시고 있을 이훈자 시인. 그리스에서는 '아름다움'의 반대말이 '마비'라지요. 평소처럼 다정한 예지를 놓치지 말고 마비되지 않는 정신으로 아름다운 언어들을 직조하여 보다 더 나은 진경들에 대해 이야기해주길 바란다.

이훈자 제5시집

흑당커피가
녹아드는 시간

초판발행일 2024년 8월 30일

지은이 : 이훈자
펴낸곳 : 도서출판 문학공원
발행인 : 김순진
편집장 : 전하라
디자인 : 김초롱
등 록 : 2004년 3월 9일 제6-706호
주 소 : (우편번호 03382)서울 은평구 통일로 633
　　　　녹번오피스텔 501동 302호 스토리문학사
전 화 : 02-2234-1666
팩 스 : 02-2236-1666
홈페이지 : https://blog.naver.com/ksj5562
이메일 : 4615562@hanmail.net

※ 잘못된 책은 교환해 드립니다.
※ 책값은 뒤표지에 있습니다.